Emilia Nicoleta Schiop

O conflito no Nagorno - Karabakh e as suas implicações para os cidadãos

Emilia Nicoleta Schiop

O conflito no Nagorno - Karabakh e as suas implicações para os cidadãos

ScienciaScripts

Imprint

Any brand names and product names mentioned in this book are subject to trademark, brand or patent protection and are trademarks or registered trademarks of their respective holders. The use of brand names, product names, common names, trade names, product descriptions etc. even without a particular marking in this work is in no way to be construed to mean that such names may be regarded as unrestricted in respect of trademark and brand protection legislation and could thus be used by anyone.

Cover image: www.ingimage.com

This book is a translation from the original published under ISBN 978-620-2-02621-5.

Publisher:
Sciencia Scripts
is a trademark of
Dodo Books Indian Ocean Ltd. and OmniScriptum S.R.L publishing group

120 High Road, East Finchley, London, N2 9ED, United Kingdom
Str. Armeneasca 28/1, office 1, Chisinau MD-2012, Republic of Moldova, Europe
Printed at: see last page
ISBN: 978-620-7-89255-6

O conflito no Nagorno - Karabakh e as suas implicações para cidadãos

Emilia Nicoleta SCHIOP[*]

Resumo

No último período, os principais temas foram as crises na Europa (a crise económica, a crise com a Rússia - tensões entre a Rússia e a Ucrânia após a anexação da Crimeia e restrições económicas para a Rússia em relação à União Europeia, as crises migratórias, o Brexit, o terrorismo), as eleições americanas, a guerra civil síria, etc. Mas também os conflitos da Ásia Central têm impacto na geopolítica mundial.

Neste artigo, analisarei a situação entre o Azerbaijão e a Arménia (como começou, as relações económicas entre estes Estados, o contexto internacional) e apresentarei entrevistas de azeris e arménios para mostrar como este conflito alterou ou não as suas opiniões sobre ele.

O tema é atual e as implicações do conflito podem ser vistas hoje. Os conflitos militares na região do Nagorno-Karabakh começaram em 1990 e, apesar de terem cessado, os efeitos são visíveis também hoje para os cidadãos, para a economia entre a Arménia e o Azerbaijão e para o contexto internacional. É importante compreender as últimas mudanças na geopolítica da Ásia Central, que podem influenciar os decisores da vizinhança.

Será feita uma comparação entre o conflito de Nagorno-Karabakh e os Balcãs Ocidentais, que têm semelhanças. A comparação prolongará o estudo.

O objetivo desta investigação é estudar o contexto a partir de diferentes domínios e as implicações para os cidadãos.

O primeiro objetivo é apresentar informações gerais sobre essa zona, o segundo objetivo é mostrar como o conflito influenciou a economia de ambos os países, o terceiro objetivo mostra as implicações para outros países, o quarto objetivo é a forma como a guerra mudou as opiniões dos

cidadãos e o último objetivo é a comparação com os Balcãs Ocidentais,
porque ambas as zonas foram afectadas por conflitos congelados.

Os métodos consistem em descrição (para uma visão geral), análise (para
uma visão particular) e entrevistas e um estudo de caso para a parte
prática da investigação. Realizei entrevistas a azeris e arménios para ver
como foram afectados. Eram em número de seis. Foram anónimas, com
um número exato de perguntas e o público foi selecionado aleatoriamente.
As entrevistas foram semi-estruturadas e explicativas.

Palavras-chave: Azerbaijão, Arménia, conflito,
entrevistas, contexto.

Lista de conteúdos:

1. O CONTEXTO:

Nagorno-Karabakh designa uma região montanhosa, com uma área de aproximadamente 4 400 km^2 no Azerbaijão ocidental, habitada por arménios. O Estado autoproclamado, Nagorno-Karabakh, não reconhecido por nenhum outro Estado do mundo, faz parte do Azerbaijão, mas é uma região autónoma. Ao longo do tempo, houve uma série de combates sangrentos entre arménios e azerbaijaneses. O conflito ainda hoje não está totalmente resolvido, pelo que se insere na categoria dos conflitos congelados na antiga União Soviética, juntamente com os da Transnístria, da Abcásia ou da Ossétia do Sul. No primeiro mapa, pode ver-se onde se situa o Nagorno-Karabakh.

1. Mapa com o Nagorno-Karabakh, fonte: Jewish News Service, http://www.jns.org/latest- articles/2016/4/20/unpacking-the-nagorno-karabakh-conflict-and-its-ripple-effect-on-israels-region#.WH58aNR97Gg=

O território foi dividido entre as forças militares arménias e as forças militares do Azerbaijão, como se pode ver no segundo mapa.

- Território do Azerbaijão ocupado por forças militares arménias

- Território arménio ocupado pelas forças militares do Azerbaijão

- Nagorno-Karabakh

- Território do Nagorno-Karabakh ocupado pelas forças militares do Azerbaijão

2. O conflito Nagorno - Karabakh, fonte: Parker, David; Wilson, Josh, http://www.sras.org/nagorno- karabakh

Todos estes conflitos, agora congelados, tinham como objetivo criar e manter tensões entre diferentes grupos étnicos, a fim de aumentar a influência russa nas regiões. No Nagorno-Karabakh tudo começou após a saída dos bolcheviques da Rússia. Em 1923, seguindo uma política de desestabilização dos Estados que compunham a URSS, os dirigentes soviéticos decidiram formar a República Socialista Azerbaijana da Região Autónoma do Nagorno-Karabakh, cuja principal população era arménia.

A guerra no Nagorno-Karabakh começou em 1988, quando os arménios da região reclamaram territórios que faziam parte da República Socialista Soviética do Azerbaijão. Após o colapso da União Soviética em 1991, as antigas repúblicas soviéticas, incluindo as duas repúblicas do Cáucaso, obtiveram a sua independência. Desde então, os residentes de origem arménia em Nagorno-Karabakh, apoiados pela Arménia, proclamaram a independência e intensificaram os combates na região. A Arménia, que sempre se comportou como um território autónomo, enviou tropas para lutar contra os azerbaijaneses.

A guerra terminou em 1994, resultando na ocupação pela Arménia do Nagorno-Karabakh e as consequências da guerra foram bastante graves: dezenas de milhares de mortos, na sua maioria azeris, centenas de milhares de refugiados de ambos os grupos étnicos obrigados a abandonar as suas casas e a viver na pobreza. Os exércitos e a região separatista da Arménia continuam a ocupar uma parte importante (cerca de 20%) do território do Azerbaijão. Embora o conflito seja considerado congelado desde o início da guerra, cerca de 3.000 pessoas morreram em emboscadas.

A situação no sul do Cáucaso ainda não encontrou uma resposta, a região autónoma quer a independência, mas é pouco provável que a consiga num futuro próximo. Por outro lado, os dirigentes azeris ameaçaram que, se a Arménia não retirasse as tropas da região, agiriam com violência. Com a ajuda de receitas significativas provenientes do petróleo, o Azerbaijão aumentou o seu orçamento de defesa. A Arménia tem um orçamento inferior ao do seu vizinho.

O Cáucaso, pela sua posição entre a Rússia e o mundo islâmico, tem estado sob a influência de várias potências regionais. No que diz respeito ao conflito do Nagorno-Karabakh, a União Soviética, e depois a Rússia, apoiaram a religião dos arménios, mas os azeris, que são uma população de muçulmanos turcos, encontraram um aliado na Turquia. Além disso, a riqueza dos recursos de petróleo e gás natural no território do Azerbaijão fez com que os principais actores geopolíticos, como os EUA, a UE, a China ou o Irão, demonstrassem um interesse particular neste conflito.

2.   AS RELAÇÕES ECONÓMICAS
ENTRE ESSES DOIS
PAÍSES:

O Azerbaijão utiliza os seus recursos energéticos para adquirir armas. A Arménia é apoiada pela Rússia e as relações económicas entre ambos eram estreitas. Em consequência do conflito armado, as relações económicas entre a Arménia e o Azerbaijão foram postas em causa.

O Azerbaijão possui ricos recursos naturais de petróleo, gás natural, ouro, alumínio, etc. Entre os produtos marinhos favoritos podemos incluir diferentes variedades de caviar e peixe preparado de acordo com as receitas tradicionais. Além disso, a agricultura, os recursos naturais e o comércio, que com o tempo se tornaram extremamente activos, influenciaram decisivamente a civilização azerbaijanesa.

A grande maioria da energia é produzida a partir de combustíveis importados, incluindo o gás e o combustível nuclear (apenas para a energia nuclear) na Rússia, sendo a principal fonte de energia interna a energia hidroelétrica. Ainda não foram trazidas à superfície pequenas quantidades de carvão, petróleo e gás".[1][2]

O gasoduto Nabucco (que envolve o Azerbaijão), com cerca de 3.900 quilómetros, forneceria mais de 40 mil milhões de metros cúbicos de gás por ano à Europa para reduzir a dependência das importações russas. Os custos do Nabucco foram inicialmente estimados em mais de 12 mil milhões de dólares. O Nabucco pretendia ser um projeto concorrente da Rússia, a Gazprom. Os representantes da empresa russa especificaram, desde a

---

[1] Schiop Emilia Nicoleta, "Nagorno-Karabakh Conflict and its Implications for Citizens" în *Analele Universitatii din Oradea, Seria Relatii Internationale și Studii Europene,* nr. 8, Oradea: Editura Universitatii din Oradea, 2016, pp. 35-38.

apresentação do projeto Nabucco, que tal projeto não pode ser realizado sem a Gazprom.

Após mais de sete anos de promessas,

A empresa responsável pelo projeto Nabucco, que envolve a Transgaz (Roménia), decidiu reduzir o projeto em quase dois terços, mas o maior desafio continua a ser a identificação dos recursos de gás natural.

Neste contexto, foi proposto o "Nabucco West", que tem por objetivo transportar gás natural da região do Cáspio para Baumgarten (Áustria). A nova versão do gasoduto tem 1.300 quilómetros de comprimento, sendo apenas um terço do projeto inicial.

O projeto Nabucco está a ser desenvolvido pela Nabucco Gas Pipeline International, que inclui várias empresas, como a Transgaz Medias (Roménia), a OMV (Áustria), a MOL (Hungria), a Bulgargaz (Bulgária), a Botas (Turquia) e a RWE (Alemanha). O gasoduto transportará gás da Ásia Central para a Turquia, Bulgária, Roménia, Hungria e Áustria.

O Comissário Europeu da Energia, Gunther Oettinger, afirmou que o plano inicial do Nabucco se tornou menos atrativo, uma vez que a construção teria durado demasiado tempo, dado o aumento dos custos de construção e o facto de os participantes no projeto já não terem a capacidade que tinham anteriormente.

Em maio de 2012, a Nabucco apresentou a organização do consórcio azerbaijanês Shah Deniz II para o Nabucco West. Os campos de gás de Shah Deniz II situam-se no Mar Cáspio.[3]

A SOCAR é uma empresa petrolífera do Azerbaijão. Descentralização da

---

[3] Iulian Budusan, *Asia Céntrala - singura sursa de gaze ieftine pentru România*, 2012, http://mbusiness24.ro/macroeconomie/asia-centrala-singura-sursa-de-gaze-ieftine-pentru-romania-1515115-font3, acedido em 20.03.2017.

SOCAR na Europa:

A longo prazo, deverão ser implementados vários projectos conjuntos de fornecimento de gás na zona do Mar Cáspio na Roménia e noutros países da União Europeia. Exemplos de tais projectos são: AGRI, TANAP e TAP. A empresa petrolífera estatal do Azerbaijão sediada em Bucareste, SOCAR, está aberta em Bucareste desde 2007. Em 2015, foi proposto um investimento de 10 milhões de euros para a abertura de novas estações de serviço.[4]

A SOCAR expandiu-se para a Europa Ocidental com a aquisição da rede de retalho da Exxon Mobil na Suíça desde 2011. A SOCAR está a prosseguir a sua estratégia de expansão a fim de se posicionar como uma empresa moderna e verdadeiramente global.[5]

Enquanto antigo membro, a economia da Arménia sofre com o legado de uma economia centralmente planeada e com o colapso dos padrões comerciais soviéticos. O investimento e o apoio soviético à indústria arménia desapareceram, pelo que poucas empresas importantes estão ainda em funcionamento.

---

[4] Iuliana Roibu, „SOCAR î§i propune sa investeascâ 10 milioane de euro în deschiderea de noi benzinârii" in *BusinessMagazin,* 2015, http://www.businessmagazin.ro/analize/energie/socar-isi-propune-sa- investeasca-10-milioane-de-euro-in-deschiderea-de-noi-benzinarii- 14255306, acedido em 20.03.2017.
[5] SOCAR, *Extindere,* 2017, http://www.socartrading.com/socar- group/downstream, acedido em 20.03.2017.

3.   O CONTEXTO INTERNACIONAL E OS PARECERES DE PERITOS:

A Parceria Oriental da UE foi oficialmente inaugurada em 7 de maio de 2009. Mas após os alargamentos de 2004 e 2007, as condições do alargamento como elemento da política externa tornaram-se menos favoráveis. O quadro de negociação contém muitos instrumentos do método comunitário, ainda que os ministros dos Negócios Estrangeiros tenham um forte controlo.

Relações com a UE: Arménia: existem boas relações e progressos consistentes em matéria de parceria, tendo a cooperação sido aprofundada. Azerbaijão: estão a decorrer conversações para iniciar negociações.

Em 28 de maio de 1918, a República Democrática da Arménia declarou a sua independência do Império Russo, mas o Estado teve uma existência curta, tendo sido anexado pela Rússia Soviética em dezembro de 1920 e incorporado em 4 de março de 1922. Recuperou a sua independência em 23 de agosto de 1991, no contexto político do colapso da URSS. Os primeiros anos de independência foram marcados por conflitos na região de Nagorno-Karabakh, no Azerbaijão. Os confrontos no Nagorno-Karabakh, concluídos com um armistício assinado em 1994, levaram à rutura das relações diplomáticas com o Azerbaijão e a Turquia.

As negociações sobre a resolução da questão do Nagorno-Karabakh, conduzidas sob os auspícios do Grupo de Minsk da OSCE, co-presidido pelos EUA, pela Federação Russa e pela França, não conduziram a uma resolução do litígio e o diálogo político entre Erevan e Ancara foi suspenso em setembro de 2008. Em 10 de outubro de 2009, a República da Arménia assinou dois protocolos com a Turquia sobre a normalização das relações bilaterais, que estão atualmente a ser ratificados. A Arménia é membro do Conselho da Europa. Na sequência da decisão de adesão da Arménia à União Aduaneira, o Presidente Serzh Sargsyan anunciou, em 3 de setembro de 2013, que a UE não rubricou o Acordo de Associação com a Arménia na Cimeira da Parceria Oriental, realizada em Vilnius, em 28 e 29 de novembro de 2013. Em dezembro de 2013, em Moscovo, a Arménia assinou o roteiro para a adesão à Rússia - Bielorrússia - Cazaquistão. Além disso, a Arménia aderiu à União Económica Eurasiática em 10 de outubro de 2014.

O Azerbaijão é um importante aliado dos Estados Unidos. O único país que tem fronteiras com o Irão e a Rússia irritou os seus vizinhos depois de ter enfrentado os Estados Unidos.

Para evitar um défice democrático no Azerbaijão, a estratégia do Presidente Ilham Aliyev de reforçar uma classe média forte tem o seu mérito: se forçassem reformas antes de terem uma classe média sólida, colocariam o destino nas mãos do Irão e da Rússia, que não têm qualquer noção de democracia.

Enquanto o Azerbaijão está orientado para o Ocidente, a Arménia tem relações estreitas com a Rússia. De facto, a

Os arménios são provavelmente os únicos que votariam a favor da aproximação do seu país à Rússia e não ao Ocidente.

4.   AS NOVAS FORMAS DE CONFLITO:

Anteriormente, em dezembro de 2016, o ministério informou ter abatido um drone arménio no distrito de Fizuli.

A situação ao longo da linha de contacto entre as partes em conflito no Nagorno-Karabakh deteriorou-se drasticamente de um dia para o outro, a 2 de abril de 2016, quando começaram confrontos ferozes. Cada parte acusou a outra de violar a trégua, pelo que, em 5 de abril, foi alcançado um acordo de cessar-fogo com a mediação da Rússia.

Numa declaração trilateral adoptada em 20 de junho, após uma cimeira dos presidentes russo, arménio e azerbaijanês em São Petersburgo, com o objetivo de eliminar os conflitos.

1.   AS ENTREVISTAS:

Fiz entrevistas a azeris e arménios para ver como foram afectados. As entrevistas foram em número de seis. Foram anónimas, com um número exato de perguntas e o público foi selecionado aleatoriamente.

1.1.   AZERBAIJÃO:

1.   Tendo em conta a sua nacionalidade, qual é a sua opinião sobre o conflito no Nagorno Karabakh?

Primeira pessoa: *Nagorno Karabakh é território do Azerbaijão e a sua ocupação pelas forças militares arménias constitui uma violação do direito internacional.*

Segunda pessoa: *Gostaria de ver o conflito resolvido durante os próximos anos.*

Terceira pessoa: A *minha opinião é, obviamente, recuperar o nosso território - Nagorno-Karabakh - mas com paz e não com guerra. Há um grande número de pessoas inocentes mortas de ambos os lados durante os conflitos. Quero acabar com este conflito tanto quanto possível. Acreditem em mim, se forem ao Azerbaijão e à Arménia e perguntarem às mães sobre a guerra, nenhuma delas responderá que aceita que os seus filhos sejam mortos. Escusado será dizer que penso que a guerra tem resultados irreparáveis.*

2.   Quais são as razões que causam o conflito e o que é que mantém o conflito vivo, numa forma de desenvolvimento contínuo?

Primeira pessoa: *A principal razão para o início da guerra é o desejo da Federação Russa de manter o Azerbaijão - um país da antiga União Soviética - sob controlo e de utilizar este conflito contra o Azerbaijão para satisfazer os seus interesses políticos na região do Cáucaso. A Federação Russa cooperou com o governo arménio para conquistar as terras históricas do Azerbaijão.*

Segunda pessoa: *Como podemos ver na história, o exército arménio, com a ajuda dos russos, atacou as nossas terras para as ocupar. Foi um grande conflito e os arménios mataram muitas pessoas e famílias azeris em 1992-*

1993 e ainda vivem nas terras do Azerbaijão. É isso que torna a questão mais importante do que antes.

Terceira pessoa: Antes *de mais, a raiz do conflito remonta à história. Karabakh - era chamado distrito de Arshakh durante o século IV a.C., incluía o território da Albânia, que era o estado azerbaijanês formado na parte norte do Azerbaijão. A razão da guerra desde 1721 é o reinado de Pyotr, que prometeu aos arménios a formação da Grande Arménia. Os arménios sonhavam com isso. Isso levou-os a ocupar algumas zonas. A partir de 1989, começou a guerra de Karabakh. 1990 - 20 - o genosídio do povo azeri pelos arménios. Entre 1992 e 1993, 20 % do território do Azerbaijão foi invadido pela Arménia, que agora se chama "República de Nagorno Karabakh".*

3.   Mapa com as zonas do Nagorno-Karabakh, fonte: Australian Turkish Advocacy Alliance, https://www.ata-a.org.au/khojaly-genocide/

3) Acha que o governo faz todos os esforços para pôr fim à guerra?

Primeira pessoa: *Os esforços do Governo do Azerbaijão, para além de* *satisfazerem plenamente os interesses políticos da Rússia, são insuficientes. O Governo arménio não demonstra qualquer interesse em libertar os territórios do Azerbaijão.*

Segunda pessoa: *O nosso governo e a nossa nação querem resolver o conflito pela paz, mas isto é política internacional e este conflito não é assim tão pequeno, não é apenas entre o Azerbaijão e a Arménia, é um problema global e os grandes países interromperam-no.*

Terceira pessoa: *No que diz respeito aos esforços governamentais, após as guerras de 1989-1993, em 1994 foi assinado um cessar-fogo entre os dois países, mas desde 1994 o lado arménio quebrou o cessar-fogo muitas vezes, como também viu no dia 2 de abril de 2016, quando estávamos na Roménia, e o conflito agravou-se. O território de Nagorno-Karabakh é reconhecido internacionalmente como uma parte do Azerbaijão.*

4.   O conflito fez com que visse os arménios de forma diferente? Em caso afirmativo, de que forma?

Primeira pessoa: *As autoridades arménias propagaram uma atitude hostil em relação aos azerbaijaneses durante um longo período de tempo. Além disso, o governo russo utilizou os conflitos históricos entre o povo azerbaijanês e o povo arménio para desencadear um novo conflito entre as duas nações. Por esta razão, o povo azerbaijanês desenvolveu uma atitude de ódio para com as autoridades arménias, a maioria das quais são antigos criminosos de guerra e terroristas, incluindo o Presidente da República Arménia, Serj Sarkisian.*

Segunda pessoa: *Sim, vejo os arménios de uma forma diferente, mas isso não significa que os odeie ou que os considere meus inimigos. Quando estive no estrangeiro, tentei não me envolver com eles, só isso.*

Terceira pessoa: *Para mim, os jovens arménios e as crianças não têm qualquer culpa. Não quero continuar a ver jovens soldados a serem mortos. É claro que não podemos esquecer a nossa história, o nosso território. Não podemos esquecer o 20 de janeiro a que chamamos "janeiro sangrento", não podemos esquecer Khojaly (1992, 26 de fevereiro). Mas não quero ver nenhuma mãe a chorar, a soluçar.*

5.   Considera que o conflito teve influência em si e na sua família? De que forma?

Primeira pessoa: *O conflito teve um impacto profundo na sociedade azerbaijanesa, cujos efeitos incluem as dificuldades decorrentes da reacomodação de cerca de um milhão de refugiados dos territórios ocupados.*

Segunda pessoa: *O conflito deixou uma marca profunda na nossa sociedade. Centenas de refugiados não são autorizados a regressar às suas regiões e estamos certamente a viver a situação de guerra.*

Terceira pessoa: *O conflito deixou marcas tanto em mim como na sociedade. Porque eu também faço parte da minha sociedade. Se algo acontece aos meus cidadãos, se foi cometido um genocídio contra o meu povo, escusado será dizer que isso me marcou.*

Quarta pessoa: É um tema *tão profundo que posso falar consigo durante muitas horas, é um tema tão sensível para todos os azerbaijaneses.*

1.2. ARMÉNIA:

1 Do seu ponto de vista, quais são as razões que causaram o conflito?

Limpezas étnicas contra minorias arménias no enclave étnico arménio do distrito soviético autónomo do Nagorno-Karabakh, limpezas étnicas violentas em

Baku e Sumgait no final dos anos 80, mas as suas raízes remontam ao início do século XX. Os historiadores conhecem-no melhor.

2 O que é que mantém exatamente o conflito vivo, numa forma de desenvolvimento contínuo?

O conflito está vivo, do meu ponto de vista, por duas razões: a) as sociedades estão profundamente divididas e demonizam-se mutuamente num padrão da teoria do efeito de espelho.

1. A ditadura de elite azeri não está disposta a aceitar quaisquer compromissos, negligenciando os chamados princípios de Madrid e de Kazan, que se baseiam em concessões comuns, e continua a fazer anúncios bélicos sobre a reconquista de territórios e até da "cidade histórica azeri de Yerevan", etc.

3. Acha que o governo faz todos os esforços para pôr fim à guerra?

Governo arménio: *Na prática, a história recente mostra que o governo arménio está de acordo com o status quo, pagando o preço de baixas relativamente pequenas (até 30/ano), sem ter em conta a guerra do quarto dia em abril, porque a República do Nagorno-Karabakh é de facto um Estado com o seu vasto aparelho burocrático, etc.*

Governo azeri..: *O governo azeri parece não estar tão disposto a resolver o conflito, utilizando-o ocasionalmente como um instrumento para distrair a opinião pública dos problemas internos, como as crises económicas devidas à queda dos preços do petróleo, as opressões políticas, etc.*

4.   O conflito fê-lo ver os azerbaijaneses de forma diferente? Em caso afirmativo, de que forma?

Para ser sincero, o conflito já existia antes de eu ter nascido e, infelizmente, nunca vi os nossos países num ambiente que não fosse hostil. Tenho tendência a não generelizar e a ver os povos como um corpo homogéneo. Sei que há nacionalistas decentes e belicosos de ambos os lados, pessoas que querem a paz e não odeiam o outro lado e pessoas que querem a vitória total a qualquer preço.

5.   Considera que o conflito teve um impacto influência sobre si e a sua família? De que forma?

Diretamente, não creio que tenha havido uma certa influência. No entanto, tendo em conta que muitos dos meus amigos servem no exército e mantêm a linha da frente num ambiente de guerra, é emocionalmente impossível não ser influenciado, não estar envolvido.

De acordo com as entrevistas, é possível ver como o conflito afectou os cidadãos. Por exemplo, a primeira pessoa do Azerbaijão é mais afetada pelo conflito e a terceira é mais aberta à outra parte. A segunda pessoa é mais afetada do que a terceira, mas menos afetada do que a primeira. A quarta pessoa do Azerbaijão está mais impressionada com o conflito, razão pela qual a sua resposta foi global, numa única pergunta para as seis perguntas. O arménio também está impressionado com os acontecimentos, de acordo com as suas respostas. Estas respostas são também influenciadas pelo local de nascimento dos cidadãos. Por exemplo, a primeira pessoa vive numa zona com refugiados.

Outra coisa que pode ser vista nas entrevistas é que eles não estão abertos a socializar com a outra parte.

As entrevistas que utilizei foram semi-estruturadas: os entrevistados podiam seguir as perguntas e responder claramente às mesmas, mas também podiam acrescentar outras informações relevantes (os três primeiros entrevistados e o arménio) ou podiam sentir-se livres para dar uma opinião diferente sobre o assunto (o quarto entrevistado). Além disso, as entrevistas foram explicativas, através deste método, explicaram o seu ponto de vista sobre o conflito do Nagorno-Karabakh.

Mais ou menos, o conflito deixou uma marca nas pessoas de ambos os lados. Os métodos com entrevistas para este tópico são novos e úteis. Atualmente, não existe um estudo de caso nacional ou internacional que contenha toda a informação interpretada (incluindo entrevistas para este tópico).

Este estudo em formato micro pretende mostrar pontos de vista sobre o conflito mais próximos dos cidadãos".[6]

---

[6] Schiop Emilia Nicoleta, op. cit., pp. 38 - 42.

2. A COMPARAÇÃO COM OS BALCÃS OCIDENTAIS:

Neste capítulo, será apresentada uma comparação entre o conflito do Nagorno-Karabakh e os Balcãs Ocidentais, que apresentam semelhanças. Esta comparação prolongará o estudo.

O Kosovo é a comparação mais próxima do Nagorno-Karabakh, razão pela qual escolhi esta região. O Azerbaijão, a Arménia e a Geórgia têm semelhanças com os Balcãs por estarem envolvidos em conflitos congelados. Outras semelhanças entre os dois são: motivos étnicos e territoriais, campos cristãos e muçulmanos (motivos secundários - religiosos).

Se no caso do Kosovo se registou um envolvimento militar internacional, o caso do Nagorno-Karabakh é, pelo contrário, um exemplo de um conflito sem envolvimento armado internacional.

O Kosovo situa-se no sul da Sérvia, com uma área de 10.887 quilómetros quadrados. Mais de metade da população é constituída por albaneses. O centro administrativo situa-se em Pristina. Existem jazidas de crómio, chumbo e zinco. Em Trepca desenvolve-se a metalurgia do chumbo e as principais culturas agrícolas são o milho, o trigo e o tabaco. São criados bovinos e ovinos. Existem também muitos monumentos feudais (igrejas, mosteiros).[7]

Os monumentos arquitectónicos e artísticos da cristandade [...], entre os quais se encontram os maravilhosos frescos das igrejas nas margens do lago Ohrid, na Macedónia, bem como as magníficas igrejas monásticas no Kosovo, ainda podem ser vistos nos Balcãs".[8]

---

[7] D. Macrea, *Dictionar enciclopedic român III,* Bucareste: Editura Política, 1964, p.' 37.
[8] Andrew Barcuh Watchel, *Balcanii. O Istorie Despre Diversitate și Armonie,* Bucareste: Corint, 2016, p. 54.

Há dois sentidos para os Balcãs. Um é geográfico, o outro é cultural e político (estilo de vida, mosaico cultural e religiões, sendo composto por várias camadas).

O termo guerra ou conflito do Kosovo é utilizado para descrever dois conflitos militares paralelos:

-        1996[9] - 1999: o conflito entre sérvios e

forças jugoslavas e o Exército de Libertação do Kosovo, um

Grupo paramilitar de guerrilha de etnia albanesa apoiado pela NATO.

-        1999: entre março e junho de[10] , com o objetivo de atacar civis e o exército jugoslavo, os rebeldes albaneses prosseguiram a guerra contra as forças jugoslavas, o que teve como consequência a deslocação maciça da população do Kosovo.[11]

Em 1989, Slobodan Milosevic cancelou a autonomia do Kosovo, o que, desde que foi aprovado pela assembleia legislativa do Kosovo, deu origem a violência entre a população maioritária. Em julho de 1990, os albaneses do Kosovo declaram a independência da província, que é reconhecida no ano seguinte pela Albânia. 1991 é o ano em que começa a guerra na Jugoslávia e, em 1992, a autoproclamada República do Kosovo elege o seu presidente, Ibrahim Rugova.

Em fevereiro de 1998, o conflito tornou-se evidente (após numerosos confrontos entre a polícia e os movimentos separatistas, que resultaram em mortos e feridos em ambos os campos, unidades do exército sérvio atacaram

---

[9] Human Rights Watch , *Kosovo War Crimes Chronology,* 1998, http://pantheon.hrw. org/legacy/campai gns/kosovo98/timeline. shtml, acedido em 30.04.2017.
[10] NATO, *Operation Allied Force,* w.y..., http://www.nato.int/kosovo/all- frce.htm, acedido em 30.04.2017.
[11] Ruza Petrovic, Marina Blagojevic, *The Migration of Serbs and Montenegrins from Kosovo and Metohija,* 2000, http://www.snd- us.com/history/Petrovic-Blagoievic/index.htm, acedido em 30.04.2017.

a aldeia de Prekaz, considerada um abrigo do Exército de Libertação do Kosovo). Em março de 1998, surgiu a primeira resolução do Conselho de Segurança que introduziu um embargo de armas à Jugoslávia como consequência direta destes acontecimentos. Em 1989, o envolvimento da NATO foi também decidido para restaurar a paz e seguiu-se a um acordo de cessar-fogo. As partes admitem que 2000 observadores da OSCE são enviados para a zona para controlar a sua aplicação.

O envolvimento da NATO no conflito do Kosovo: o plano de utilização das forças da NATO como instrumento de pacificação dos beligerantes parecia viável em meados de 1998. Em junho de 1998, o Presidente dos EUA comprometeu-se a defender o Kosovo, envolvendo assim mesmo as Forças Armadas dos EUA se tal fosse necessário. Em breve, o Reino Unido instou os EUA a condenar o governo de Belgrado, tendo ambos iniciado uma proposta de resolução do Conselho de Segurança. A União Europeia não ficou satisfeita com a evolução do conflito e Robin Cook, o Ministro dos Negócios Estrangeiros britânico, que detinha a liderança na altura, afirmou que não permitiria o nascimento de uma África do Sul às portas da União Europeia. Pouco depois, os países membros da NATO adoptaram posições semelhantes.

Para além destas coordenadas, há mais do que uma psicológica, nomeadamente o facto de a guerra do Kosovo ter explodido muito pouco tempo depois da relativa acalmia da guerra da Bósnia, em que a OTAN foi frequentemente acusada de envolvimento insuficiente. A relevância, na opinião de Holbrooke, é que o Kosovo ainda não é a Bósnia.

O problema da NATO nesta situação era que, para uma intervenção armada no Kosovo, era necessário contornar o quadro legislativo. O Tratado de

Washington prevê a ação armada apenas dentro dos limites da Carta das Nações Unidas e apenas para fins defensivos. O artigo 5° do tratado prevê uma ação apenas se o território de um dos Estados-Membros for ameaçado ou atacado dentro dos limites do artigo 51° da Carta e o artigo 6° do Tratado de Washington descreve os tipos de ameaças ou ataques a que a aliança pode responder em virtude do artigo 5°.

Nenhuma das condições estabelecidas no Tratado foi cumprida, nem existe qualquer resolução do Conselho de Segurança que mencione implícita ou explicitamente o uso da força para resolver este conflito. Seria quase impossível obter uma resolução em que a NATO fosse mandatada para poder intervir armadamente na Jugoslávia, dadas as condições políticas. É fácil lembrar que a China abusou da adoção da Resolução 1160 do Conselho de Segurança, que apenas menciona a imposição de um embargo às armas de Belgrado. Além disso, tendo em conta a posição da Rússia relativamente ao conflito, é impossível acreditar que a Rússia não bloqueie uma tal iniciativa no Conselho de Segurança.Tudo isto foi acrescentado à estratégia estratégica da aliança adoptada em Roma no início dos anos 90, baseada numa ideia pacifista, que reflecte o relaxamento do fim da Guerra Fria. Este conceito atribui um papel importante à cooperação e ao diálogo da NATO e às tarefas primordiais para um clima de segurança estável na Europa, em que nenhum país pode recorrer à intimidação ou à coerção contra um Estado europeu, seja ele qual for.[11]

Também em relação ao conflito do Kosovo, é [12]

Também é interessante conhecer a situação atual. A Sérvia acusou a Europa

---

[12] Victor Petrescu, *Posibile Scenarii de evolutie ale conflictului din Kosovo,* 1999, http://capriro.tripod.com/intaff/extpol01.htm, acedido em 30.04.2017.

de apoiar a Albânia. Aleksandar Vucic (Sérvia) afirmou que o Ocidente está a ser deliberadamente confrontado para legitimar uma "Grande Albânia" numa entrevista à televisão estatal da Sérvia em 28 de abril de 2017. Vucic fez as declarações após uma reunião do Conselho de Segurança da Sérvia sobre a situação na Macedónia e as declarações sobre a Grande Albânia. Ele argumenta que os exércitos sérvios estão prontos.Disse que não pode tornar públicas as decisões tomadas no Conselho de Segurança, porque se trataria de segredo militar. O ex-chefe do exército do Kosovo e ex-primeiro-ministro, Ramush Haradinaj, fez uma crítica às declarações que proferiu no seu regresso a Pristina, a 27 de abril, depois de a França ter recusado expulsá-lo para a Sérvia. Vucic referiu-se também às declarações dos dirigentes albaneses sobre a realização da Grande Albânia através da união com o Kosovo, afirmando que estas foram ditadas pela comunidade internacional, nomeadamente pela Europa Ocidental.A expressão "Grande Albânia" designa a representação do Kosovo, bem como de alguns territórios nas proximidades do país, do Montenegro, da Grécia e da República da Macedónia.Para maior especificidade, escolhi um caso de estudo de um país dos Balcãs Ocidentais, que foi influenciado por conflitos étnicos e religiosos.

A Bósnia-Herzegovina cobre uma área de 51.139 quilómetros quadrados, sendo a população sérvia, bósnia e croata. A capital situa-se em Sarajevo. A indústria extractiva é feita de carvão, minério de ferro e bauxite. As indústrias siderúrgica, química e têxtil também estão a ser desenvolvidas. Do ponto de vista agrícola, é uma região importante para a criação de gado, a fruticultura e a viticultura.[13]

---

[13] D. Macrea, *Dictionar enciclopedic román 1,* Bucareste: Editura Política, 1964, p. 283.

4. Mapa dos Balcãs Ocidentais, Suíça: Wilton Park,
https://www.wiltonpark.org.uk/event/wp1217/western-balcãs/

Os principais grupos étnicos dos Balcãs Ocidentais são os sérvios (8,5 milhões), os albaneses (6 milhões, 3,5 milhões na Albânia), os croatas (4,5 milhões), os bósnios (2,4 milhões), os macedónios (1,4 milhões), os montenegrinos (0,265 milhões) e os húngaros da ex-Jugoslávia (313,045),

Eslovenos (2 milhões). Existem também comunidades maiores ou menores de ciganos e outras minorias nacionais que não dispõem de um Estado próprio, como os gagauz e os vlachs.[14]

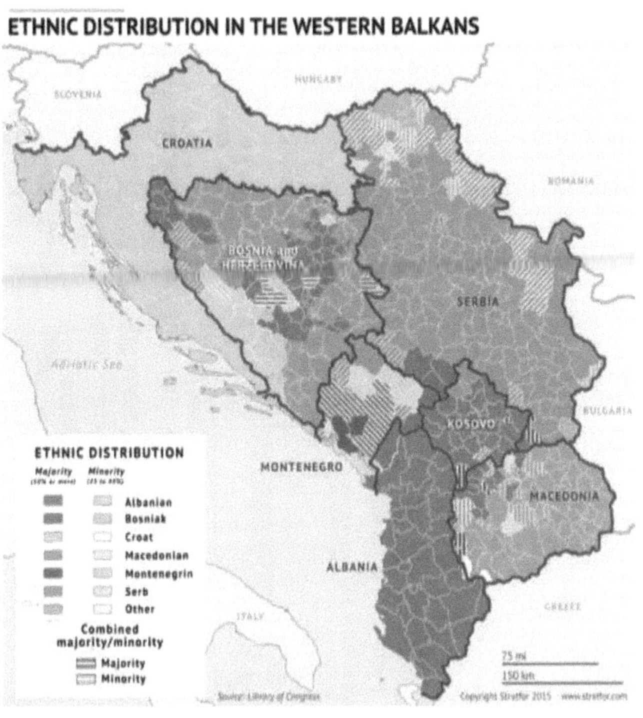

<hr>

14 ***, *The Columbia Encyclopedia*, (w.y.), http√Zwww.bartleby.com/, acedido em 11.01.2017.

5. O mapa étnico dos Balcãs Ocidentais, fonte: Reddit, https://www.reddit.com/r/MapPorn/comments/3cq31 c/os mapa étnico atualizado dos Balcãs Ocidentais 640x659/

Nos Balcãs Ocidentais, a diversidade de religiões é maior do que na região do Nagorno-Karakh.

As principais religiões são o cristianismo ortodoxo, o catolicismo e o islamismo, mas são praticadas diferentes tradições locais para cada fé, tendo cada país ortodoxo a sua própria igreja nacional autocéfala.[15]

---

[15] ***, op. cit.

5.1.   GRUPOS DE NEGOCIAÇÃO PARA A BÓSNIA E HERZEGOVINA:

Cada grupo de negociação é responsável por um domínio específico. Os grupos de negociação para cada capítulo das negociações são constituídos pelo presidente, o vice-presidente, o secretário e o secretário adjunto, nomeados pelos representantes dos ministérios.

Os representantes do Governo são os seguintes: Aljosa Campara (Ministério do Interior), Mato Jozic (Ministério da Justiça), Jelka Milicevic (Ministério das Finanças), Nermin Dzindic (Ministério da Energia, Minas e Indústria), Denis Lasic (Ministério dos Transportes e Comunicações), Vesko Drljaca (Ministério do Trabalho e da Política Social), Edin Ramic (Ministério dos Deportados e Refugiados), Salko Bukvarevic (Ministério dos Veteranos e dos Assuntos dos Deficientes), Vjekoslav Mandic (Ministério da Saúde), Elvira Dilberovic (Ministério da Educação e da Ciência), Zora Dujmovic (Ministério da Cultura e dos Desportos), Zlatan Vujanovic (Ministério do Comércio), Josip Martic (Ministério do Planeamento Físico), Semsudin Dedic (Ministério da Agricultura, Gestão da Água e Silvicultura), Amir Zukic (Ministério do Empreendedorismo e do Artesanato), Edita Dapo (Ministério do Ambiente e do Turismo).[16]

O ministério é responsável por um ou mais capítulos de negociação, consoante o domínio, muitos dos quais se devem à implementação de cada ministério.

---

[16] Governo da Federação da Bósnia e Herzegovina, *Federal Ministérios,* w.y., http://www.fbihvlada.gov.ba/english/ministarstva/, acedido em 06.06.2017.

5.2.   CAPÍTULOS DE NEGOCIAÇÃO:

Analisarei alguns dos capítulos de negociação dos relatórios da Comissão Europeia sobre a Bósnia e Herzegovina de 2016. Transformarei o conteúdo em documentos de posição. Após a minha análise, os documentos terão a seguinte estrutura: introdução (apresentação da questão, das circunstâncias); pontos de acordo; pontos de desacordo e conclusões.

Capítulo sobre educação e investigação: A Bósnia e Herzegovina tem participado ativamente em vários programas culturais, bem como em redes e actividades de investigação.

Pontos de acordo: registaram-se alguns progressos no domínio da educação. Em março, foi adotado um documento político a nível estatal que estabelece prioridades para o desenvolvimento do ensino superior na Bósnia e Herzegovina para o período de 2016 a 2026. A estratégia de desenvolvimento da educação para o período 2016-2021 foi adoptada em abril, estabelecendo prioridades para a futura reforma da educação, bem como as próximas etapas para a formação de professores e o desenvolvimento profissional. A coordenação entre os ministérios da educação do país melhorou. Durante o período abrangido pelo relatório, realizaram-se duas reuniões da conferência dos Ministros da Educação. Dois cantões adoptaram leis sobre a educação de adultos.

Pontos de desacordo: a falta de coordenação efectiva entre os Estados continua a ser preocupante e pode comprometer a plena participação do país no programa de educação da UE. A implementação do plano de ação "Quadro de Qualificações" ainda não começou devido à falta de implementação do plano de ação pela comissão intersectorial a nível estatal. A coordenação entre os organismos responsáveis pela garantia da qualidade é deficiente no ensino pré-primário, primário e secundário. No ensino superior, a coordenação e a cooperação entre a agência para o desenvolvimento do ensino superior e a garantia da qualidade a nível do Estado e a agência de acreditação da República. Deverão ser envidados esforços suplementares para estabelecer estatísticas nacionais no domínio da educação.

Conclusões: a preparação das políticas de educação, investigação e inovação encontra-se numa fase inicial. Registaram-se alguns progressos nestes sectores. A Bósnia e Herzegovina participou ativamente em vários programas culturais, bem como em redes e actividades de investigação. No próximo ano, a Bósnia e Herzegovina deverá, nomeadamente: reforçar a capacidade dos organismos estatais de educação e desenvolver normas da UE para melhorar a garantia da qualidade da educação; criar um mecanismo de coordenação eficaz no âmbito da entidade federativa para melhorar a cooperação entre os organismos de garantia da qualidade em todo o país; reforçar a capacidade de investigação e inovação.[17]

Capítulo relativo à cooperação judiciária civil e penal: A Bósnia e Herzegovina ainda não aderiu a vários instrumentos desenvolvidos na Conferência de Haia de Direito Internacional Privado, como a Convenção de 19 de outubro de 1996 relativa à competência, à lei aplicável, ao reconhecimento, à responsabilidade parental e às medidas de proteção das crianças, como o Protocolo de 23 de novembro de 2007.

Pontos de acordo: esteve envolvido em 30 casos registados na Eurojust. Participou em sete reuniões de coordenação e em duas equipas de investigação conjuntas. O tribunal da Bósnia e Herzegovina recebeu sete novos pedidos de auxílio judiciário internacional em matéria penal durante o período abrangido pelo relatório e concluiu 10 processos no total.

Pontos de desacordo: Ainda não foi celebrado um acordo de cooperação

---

[17] Comissão Europeia, *Relatório de 2016 sobre a Bósnia e Herzegovina*, https:// ec. europa.eu/nei ghbourhood-enl argement/sites/near/files/ pdf/ key documents/2016/20161109 report b osnia and herzegovina.pdf, acedido em 06.06.2017, p. 51.

com a Eurojust. Questões relacionadas com a aplicação da legislação em matéria de proteção de dados nos ministérios públicos impediram a Eurojust de encetar negociações sobre esse acordo de cooperação.

Conclusões: este capítulo de negociação encontra-se numa fase inicial. [18] Para estar em conformidade com as normas europeias, terá de passar à fase intermédia e depois à fase avançada, cumprindo as condições dos protocolos e outros actos jurídicos.

---

[18] Ibidem, pp. 74-75.

5.3. MINISTÉRIO FEDERAL DA CULTURA E DO DESPORTO:

O Ministério Federal da Cultura e do Desporto desempenha as funções administrativas, de peritagem e outras previstas na legislação sobre as competências da Federação da Bósnia e Herzegovina nos seguintes domínios investigação e atividade científica no domínio da proteção e promoção da cultura - o património histórico; museus, arquivos, bibliotecas, editoras, teatro, música, artes plásticas, cinema e actividades de entretenimento, o trabalho de organizações e associações de cidadãos nos domínios das artes, da cultura, do desporto e da juventude; melhoria dos desportos e da cultura física; estabelecimento de estratégias de desenvolvimento no domínio da cultura, do desporto e da juventude, bem como outras tarefas estipuladas pela legislação que regula este domínio.

A organização interna do ministério é composta pelo Gabinete de Ministros, pelo Sector do Património Cultural e da Cultura, pelo Sector dos Desportos, pelo Sector da Economia e da Inovação e pelo Sector da Economia e da Inovação.

Sector Financeiro e Assuntos Gerais, o Centro da Juventude e o Instituto de Proteção dos Monumentos.

Zora Dujmovic, após as eleições gerais de 2010, assumiu o cargo de representante na Assembleia do Cantão Herzegovina-Neretva e, de março de 2011 a outubro de 2014, foi representante na Casa do Povo do Parlamento da Federação da Bósnia e Herzegovina.[19] Atualmente, é Ministra da Cultura e dos Desportos.

---

[19] Governo da Federação da Bósnia e Herzegovina, w.y., *Ministério Federal da Cultura e do Desporto,* http://www.fbihvlada.gov.ba/english/ministarstva/kultura sport.php, acedido em 06.06.2017.

Frequentou e concluiu muitos cursos de formação em matéria de política social e é membro ativo da Comunidade de Mulheres.[20] Assim, Dujmovic tem estado envolvida no apoio a grupos vulneráveis, quer através da promoção da igualdade entre homens e mulheres, quer através da promoção dos direitos das minorias, incluindo os direitos religiosos. Estes esforços constituem um passo importante para o desenvolvimento e um modelo de coabitação interétnica e religiosa após os conflitos que marcaram o espaço dos Balcãs durante um bom período de tempo.

---

[20] Ibidem.

6. CONCLUSÕES:

Nesta investigação, estudei o conflito do Nagorno-Karabakh e as suas implicações para os cidadãos. Em primeiro lugar, atingi os objectivos referentes à descrição da área (o Nagorno-Karabakh, estando entre estes dois países, é considerado por ambos) e às datas históricas das implicações militares, à economia (como mudou: por exemplo, o Azerbaijão utiliza os seus recursos energéticos para os exércitos), ao contexto internacional (por exemplo, adiou indiretamente as negociações com a União Europeia e o motivo pode ser a falta de reformas), às opiniões dos cidadãos, à parte prática, que é a mais importante neste trabalho, e à comparação com os Balcãs Ocidentais.

Para os cidadãos, foi um desafio e, de acordo com as entrevistas, dificilmente aceitam os cidadãos do outro país. Não querem conviver com eles, só se tiverem de o fazer. Foram afectados de diferentes formas, mais ou menos, e todos gostariam que este conflito terminasse em paz. Os acontecimentos levaram-nos a querer estar bem informados, o que é bom. Mesmo que nenhum deles tenha estado ligado ao domínio militar, o tema deixou uma marca neles, que talvez também fique nas próximas gerações.

A religião continua a ser o principal fator dominante que influencia os capítulos de negociação inacabados. É importante ter em conta o fator islâmico. Os islamistas têm reservas quanto à futura integração, embora sejam europeizados (por exemplo, os albaneses secularizados na Bósnia-Herzegovina). No entanto, a islamização conduz a uma desconstrução.

Os Balcãs estão mais próximos da Europa em termos de cultura. A Bósnia e Herzegovina está próxima enquanto cultura de povos cristãos, embora seja muçulmana. Há mais semelhanças entre ela e os Estados dos Balcãs do que entre ela e os países muçulmanos. O Estado bósnio é um caso interessante de variação nas atitudes e na relação com a religião ao longo da história. Mas uma forte componente é caracterizada pela perceção geral e pelo comportamento em relação à diversidade religiosa, em contraste com o caso do Nagorno-Karabakh.

O estudo de caso dos Balcãs Ocidentais - Bósnia e Herzegovina, realizado nos últimos anos, teve como objetivo analisar o atual nível de desenvolvimento em termos de futura adesão.

Em ambos os casos de conflitos dos Balcãs e do Nagorno-Karabakh, pode dizer-se que tiveram influências religiosas, e as diferenças entre cristãos e muçulmanos estão a tornar-se cada vez mais prevalecentes. Outras semelhanças entre os dois casos são as razões éticas e territoriais, sendo os campos cristão e muçulmano os motivos religiosos secundários.

Se no Kosovo se registou um envolvimento internacional, o Nagorno-Karabakh é, pelo contrário, um exemplo de um conflito sem envolvimento armado internacional.

Em termos de critérios de negociação, o Estado bósnio envidou esforços através da criação de instituições especializadas em cada domínio ou da atribuição de poderes às autoridades existentes para responder aos desafios da futura integração.

Analisando o relatório publicado pela Comissão Europeia

No que diz respeito aos capítulos de negociação, a Comissão pode constatar que, em geral, os preparativos efectuados pelo Estado bósnio não estão avançados, sendo necessários esforços contínuos a este respeito. A maior parte dos preparativos para o alinhamento com o acervo nos capítulos de negociação foram referidos como estando numa fase inicial. No entanto, o ritmo de desenvolvimento é rápido. Na minha opinião, a integração só será possível após 2025, uma vez que a UE irá resolver os seus problemas actuais. Por conseguinte, é preciso tempo para que a Comissão avance no encerramento dos capítulos.

A fim de se integrar, a Bósnia e Herzegovina envidou esforços tanto através da adoção de medidas legislativas para se alinhar pelo acervo comunitário como através de vários projectos e acções em cooperação com a UE. É ainda necessário desenvolver muitas questões que estão atualmente a ser adoptadas ou que ainda não estão em curso. O país tem vontade política de aderir, mas, ao mesmo tempo, ainda precisa de envidar esforços permanentes para se aproximar da União Europeia.

A Bósnia-Herzegovina não renunciou a valores europeus profundamente enraizados na história e oferece a oportunidade aos cristãos congregacionais de promoverem os seus valores, mostrando tolerância e sendo um modelo de boa coexistência no multiculturalismo, tal como fazem outros Estados dos Balcãs Ocidentais.

Em ambos os casos, os conflitos deixaram uma marca profunda na sociedade e no seu desenvolvimento. Os azeris e os arménios não podem ser emocionalmente alheios, mesmo que não tenham sido diretamente influenciados.

BIBLIOGRAFIA

1. Emilia Nicoleta, Schiop (2016), "Nagorno-Karabakh Conflict and its Implications for Citizens" in *Analele Universitatii din Oradea, Seria Relatii Internationale și Studii Europene,* nr. 8, Oradea: Editura Universitatii din Oradea.

2. Jewish News Service (2016), Unpacking *the Nagorno-Karabakh conflict and its* ripple effect *on Israel s region* http://www.jns.org/latest-articles/2016/4/20/unpackmg-the-nagomo- karabakh-conflict-and-its-ripple-effect-on-israels- region# .WH58aNR97Gg=, acedido em 17.01.2017.

3. Parker, David; Wilson, Josh (2015), *Nagorno-Karabakh: the Volatile Core of the South Caucasus,* http://www.sras.org/nagorno-karabakh, acedido em 17.01.2017.

4. Buduçan, Iulian (2012), Asia Céntrala - singura sursa de gaze ieftine pentru Romania, http://m.business24.ro/macroeconomie/asia- centrala-singura-sursa-de-gaze-ieftine-centrala-singura-sursa-de-gaze-ieftine-pentru- romania-1515115-font3, acedido em 20.03.2017.

5. Roibu, Iuliana (2015), „SOCAR îşi propune sa investeasca 10 milioane de euro în d eschiderea de noi benzinarii" in Business Magazin, http://www.businessmagazin.ro/analize/energie/soc ar-isi-propune-sa-investeasca-10-milioane-de-euro- in-deschiderea-de-noi-benzinarii-14255306 , acedido em 20.03.2017.

6. Parker, David; Wilson, Josh (2015), *Nagorno-Karabakh: The Volatile Core of the South Caucasus*, http://www.jns.org/latest-articles/2016/4/20/unpacking-the-nagorno- - karabakh-conflict-and-its-ripple-effect-on-israels- region#.WH58aNR97Gg=, acedido em 17.01.2017.

7.   Australian Turkish Advocacy Alliance (2016), *Armenia - Azerbaijan Conflict,* https://www.ata- a.org.au/khojaly-genocide/, acedido em 22.08.2017.

5.   Macrea, D. (1964), *Dictionar enciclopedic român III,* Bucareste: Editura Politica.

6. Baruch Watchel, Andrew (2016), *Balcanii. O Istorie Despre Diversitate și Armonie,* Bucareste:
Corint.

7. Human Rights Watch (1998), *Kosovo War Crimes Chronology,* http://pantheon.hrw.org/legacy/campaigns/kosovo9   8/timeline.shtml, acedido em 30.04.2017.

8. NATO (w.y.), *Operation Allied Force,* http://www.nato.int/kosovo/all-frce.htm, acedido em 30.04.2017.

9. Petrovic, Ruza; Blagojevic, Marina (2000), *The Migration of Serbs and Montenegrins from Kosovo and   Metohija,* http://www.snd-us.com/history/Petrovic-Blagojevic/index.htm, acedido em 30.04.2017.

10. Petrescu, Victor (1999), *Posibile Scenarii de evolutie ale conflictului din Kosovo,* http://capriro.tripod.com/intaff/extpol01.htm, acedido em 30.04.2017.

11. Macrea, D. (1964), *Dictionar enciclopedic român I,* Bucareste: Editura Política.

12. Wilton Park (2013), Map *of the Western Balkans (Mapa dos Balcãs Ocidentais),*
https://www.wiltonpark.org.uk/event/wp1217/west ern-balkans/, acedido em 11.01.2017.

13.   *** (w.y.), *The Columbia Encyclopedia,* http://www.bartleby.com/,

acedido em 11.01.2017.

14.	123RF (f.a.), *Fotografia de Stock - Bulgária e Grécia,* http://www.123rf.com/photo 28367710 bulgaria- and-greece-map-3d.html, acedido em 11.01.2017.

15.	Governo da Federação da Bósnia e Herzegovina (w.y.), *Ministérios Federais* http://www.fbihvlada.gov.ba/english/ministarstva/, acedido em 06.06.2017.

15.	Comissão Europeia (2016), *Relatório de 2016 sobre a Bósnia e Herzegovina,* https://ec.europa.eu/neighbourhoodenlargement/sit es/near/files/pdf/key documents/2016/20161109 r eport bosnia and herzegovina.pdf, acedido em 06.06.2017.

16.	Governo da Federação da Bósnia e Herzegovina (w.y.), *Ministério Federal da Cultura e dos Portos,* http://www.fbihvlada.gov.ba/english/ministarstva/k ultura sport.php, acedido em 06.06.2017.

I want morebooks!

Buy your books fast and straightforward online - at one of world's fastest growing online book stores! Environmentally sound due to Print-on-Demand technologies.

Buy your books online at
www.morebooks.shop

Compre os seus livros mais rápido e diretamente na internet, em uma das livrarias on-line com o maior crescimento no mundo! Produção que protege o meio ambiente através das tecnologias de impressão sob demanda.

Compre os seus livros on-line em
www.morebooks.shop

Printed by Books on Demand GmbH, Norderstedt / Germany